• 民族文字出版专项资金资助项目

德昂族浇花节

尹丽君 主编

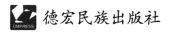德宏民族出版社

图书在版编目（CIP）数据

德昂族浇花节 / 尹丽君主编 . -- 芒市 : 德宏民族出版社 , 2016.12
　　ISBN 978-7-5558-0621-9

　　Ⅰ . ①德… Ⅱ . ①尹… Ⅲ . ①德昂族—民族节日—少数民族风俗习惯—中国 Ⅳ . ① K892.1

　　中国版本图书馆 CIP 数据核字 (2017) 第 008472 号

书　　　名：德昂族浇花节
作　　　者：尹丽君 主编

出版·发行　德宏民族出版社　　　　　责 任 编 辑　排　英
社　　　址　云南省德宏州芒市勇罕街1号　特 邀 编 辑　董晓梅
邮　　　编　678400　　　　　　　　　责 任 校 对　毕　兰　赵　湘
总编室电话　0692-2124877　　　　　　封 面 设 计　杨正璇
汉 文 编 室　0692-2111881　　　　　　发 行 部 电 话　0692-2112886
电 子 邮 箱　dmpress @ 163.com　　　　民 文 编 室　0692-2113131
印　刷　厂　德宏民族出版社印刷厂　　网　　　址　www.dmpress.cn

开　　　本　889mm × 1194mm 1/32　　版　　　次　2016年12月第1版
印　　　张　2.5　　　　　　　　　　　印　　　次　2016年12月第1次
字　　　数　7 千字　　　　　　　　　印　　　数　1-5000
书　　　号　ISBN 978-7-5558-0621-9　定　　　价　28.00 元

如出现印刷、装订错误，请与承印厂联系调换事宜。印刷厂联系电话：0692-2121712

前　言

　　德宏有丰富多彩的民族文化，我生在德宏，长在德宏，对德宏的民族文化了解不深。德昂族浇花节2008年被列入国家非物质文化遗产保护项目。为了更全面深入了解德昂族文化，2014年4月我带德宏州非物质文化遗产保护工作小组，到芒市三台山乡出东瓜村全程参与并完整拍摄记录了浇花节整个议程。

　　浇花节是德昂族盛大的节庆活动，又称浴佛节。德昂族浇花有一个环节深深地吸引着我，感动着我。浇花节的第二天浴佛仪式完毕后，各家各户的年轻人要准备一盆热水，端来放在堂屋中央，把家里的父母和其它长辈请出来坐在堂上，向他们叩头请罪，请求长辈原谅晚辈一年来做得不对、不孝顺的地方。长辈们也反思一年来的行为规范，说出自己在树立榜样方面做得不足的地方。然后，晚辈为长辈洗手洗脚，同时互相祝福来年要在和睦相处、勤劳致富、团结一心的氛围中度过。如果父母去世的家庭，兄长、姐姐和嫂嫂、姐夫就成为被洗手洗脚的对象。这项特定的仪式体现了德昂族尊老爱幼的传统美德。

　　孝顺、团结、温暖、相亲相爱这不就是现在提倡的家风教育吗？有人说家教，有人说家训……说到它，我们往往会联想到过去的世家大族、百年古训，"家风"似乎与一般的小家庭无关。在我看来，"家风"，其实更多是一个家庭的气质和价值观。无论大家小家，祖辈显赫与否，他们一定有自己的立身处世之本，告诉晚辈应当如何行走世间。

德昂族一个古老的德宏原住民族，他们一代代传承下来，身体力行、言传身教而形成的一种文化和道德氛围，它对民族所起到影响是"浸润式"的，耳濡目染、潜移默化，最终形成一个家庭或民族特有的传统和文化。

浇花节丰富的文化内涵是德昂族物质生活和精神生活长期积淀的智慧结晶，具有历史学、文化学、民族学、民俗学、宗教学和伦理学等广泛的文化功能和社会功能价值。在社会文明快速发展的当代，各种民族文化形式正在不断地消亡，因此，抢救和保护民族文化遗产，是当今一项迫在眉睫的工作，也是编写该书的目的。

希望读到本书的读者，对德昂族浇花节有更进一步的了解，帮助宣传民族文化。同时，热忱欢迎国内外的贵宾到德宏来感受浓郁的民族文化，参加一年一度德昂族浇花节，共同沐浴吉祥的圣水！

编者

2016 年 10 月

目　录

德昂族简介

　　德昂族是中华大家庭中优秀而独特的一个民族群体，作为云南省德宏傣族景颇族自治州五种主体少数民族之一，德昂族是一个历史悠久、文化灿烂、生活方式独特的跨境而居的民族。德昂族人民勤劳勇敢、能歌善舞、团结友善，与傣、景颇、傈僳、阿昌等兄弟民族友好往来，和平共处，共同繁荣发展，为建设美丽德宏而共同努力。

德昂族

　　德昂族是我国西南的古老民族，属南亚语系孟高棉语族佤德语支，是古代孟高棉族群后裔的一部分。德昂族原称"崩

1

龙族"，其先民古代属濮人族群，汉晋时称闽濮、苞满，唐宋时期他们被称为"扑子""茫人"，元明时期又被称作"金齿""濮人"等，清乾隆《东华录》、光绪《永昌府志》等史籍又将之称为"崩龙"，以后长期保持这一称谓。中华人民共和国建立后进行民族识别时仍沿用"崩龙"的民族称谓，1985年根据本民族广大群众意愿，经国务院批准更名为"德昂族"。云南沧源崖画以及众多的出土文物都表明，新石器时代以前，德昂族的先民们就已经在云南广袤的大地上繁衍

浇花节（泼水节）

生息了。在他们代代传唱的古歌《达古达楞格莱标》中记叙，德昂人的祖先最早居于岩洞之中，后来，人口渐渐增多，岩洞住不下了，才逐渐自岩洞中搬了出来。按他们自己的说法，"德昂"是本民族一些主要支系的自称，"昂"在德昂族语言里具有"山崖"或"崖洞"的含义，"德"为尊称，"德昂"意为"曾经居住在崖洞里有道德的人"。

德昂族先民住居的地域广阔，其地理位是古代中国通往印度的道路"蜀身毒道"的必经之地。现境内德昂族主要分布在德宏、保山、普洱、临沧等州市，第六次人口普查国内有德昂族20556人，是我国人口较少民族之一，主要节日有

龙阳节

干亭节、泼水节、龙阳节等。据德昂族本民族学者的甄别和考证,国内的德昂族大体分为绕静、绕买、绕薄、绕扩4大支系,7种方言。德昂族居住分散，在山区与景颇族、傈僳族、佤族、汉族等交错而居；在坝区与傣族、阿昌、汉族分寨杂居。德昂族普遍信奉南传佛教，有自己的语言，无代表本民族语言的文字。多数人精通汉语、傣语、景颇语，能使用汉文、傣文。

境外的德昂族主要分布在缅甸、柬埔寨、老挝、泰国等国家和地区，据不完全统计，仅缅甸就有 100 多万人口，10 余种支系，是一个典型的主体在外的跨境民族，其分布特点是境内人口少而分散，境外人口多而集中。

烧白柴节

　　在漫长的的历史长河中，德昂族先民创造了灿烂的优秀民族文化，留下众多的文物遗址、遗物，有芒市的莫列拱目和佛寺奘房、陇川南生广女王宫等等，这些文化遗址充分展现了德昂族的文明和智慧。

德昂族是德宏这块热土的开创者和建设者，依靠良好的自然条件和肥沃的土地种植水稻、茶叶，纺织木棉。德昂族因种茶历史悠久，与茶有着深厚的历史渊源，被誉为"古老的茶农"，拥有香茗世界的"德昂酸茶"。德昂族保留着最古老的民族文化，如茶俗、水鼓、服饰、神话、传说、诗歌、山歌、民俗、饮食、宗教等丰富的民族文化资源，是德宏民族文化资源中的一朵奇葩。

中华人民共和国成立以来，德昂族人民在中国共产党的领导下，大力发展生产，直接从原始社会末期过渡到社会主义社会。党和国家的民族区域自治政策保证了德昂族人民享受平等的政治参与权利和民族区域自治权利。1987年12月，在德宏州三台山建立了第一个也是全国唯——一个单一民族德昂族民族乡，标志着这个人口较少的民族行使了民族区域自治的权利。改革开放以来，特别是西部大开发和"兴边富民"工程以来，德昂族地区发生了翻天覆地的变化，经济社会快速发展，人民生活

采茶

水平显著提高，民族团结、社会稳定、边疆安宁，为德昂族地区全面建设小康社会奠定了坚实的基础。

在长期的生产、生活实践中，德昂族靠着自己的勤劳智慧与创造能力，给人类留下了独具民族特色、丰富多彩、光

织布

辉灿烂的文化遗产。创世诗《达古达楞格莱标》将德昂族的历史、文化、智慧、劳动技能一代一代传承下来……

刺绣

德昂族浇花节

浇花节是德昂族盛大的节庆活动。又称浴佛节、泼水节（梁河一带称为浇花节，芒市、瑞丽一带称为泼水节），德昂语称为"库户波尚建"，库户波，德昂语意为"浇花"；尚建，源于印度梵语，指"浴佛节"。浇花节最初是将圣佛诞生、成道、涅盘三个日期合并在一起举行的纪念活动。传说在开天辟地之时，有一尊万能的圣佛两次来到人间拯救人类，消除灾难带来幸福。他第一次来拯救人间的时候是化成了佛爷，独自居住在奘房。第二次来的时候由于时间短，他发现哪里有灾难就到那里的小河洗澡，让小河的水带去化解灾难的福音，此水灌溉的农田就连年丰收。特别是喝了这水，就百病消除，身体健康、长命百岁。为纪念圣佛，人们为他铸造佛像，在圣佛下凡间的日子为佛像沐浴换装，后发展为德昂族民间最隆重的传统节日，时间从清明节后的第七天开始，连过三天（德昂族月历为六月）。节日期间，德昂族泼水节最具特色的活动之一就是人们要为奘寺僧侣浇水洗手，为自家长辈洗手洗脚。

每年浇花节前几天，村寨的老人们便开始搭建龙头浴佛亭为浇花节做准备。浇花节前一天要举行采花仪式，一般安排在每年清明节后第六天。通常要用宝伞、小彩幡旗和各种鲜花装饰龙亭。

制作龙头浴佛亭

　　开始清明后第七天为浇花节第一天，这一天，大众要先集中在奘房拜佛，把佛像请到龙亭里面。拜佛仪式后，老人和行动不便的人就在奘房里一边吃着泼水粑粑等"扎嘎"，一边闲谈聊天、谈论当年农事安排节令等。年轻人和孩子们则身着节日的盛装，背着花篮成群结队地上山采摘尚建花、锥栗花、芒母花等。一些正在热恋中的男女青年，常常利用这个机会采一些香气浓郁的花互赠，用以象征他们永远忠于爱情的心。花篮装满了鲜花，采花人就地休息，伴随着鼓声跳起象脚鼓舞和龙阳舞。直到太阳偏西，采花队伍才满载而归。大部分的花都送到奘房装扮龙亭、绑在奘房的柱子上，少部分的花用来互赠，相互祝愿吉祥幸福，友谊长在，并用鲜花沾水拂去佛像上的洗尘，把一束束鲜花插在花罐和院子的篱笆上。晚上，青年们欢聚一堂，尽情歌舞，德昂族居住的地方，村村寨寨都传来节日热闹的气氛。

采花

浇花节第二天，人们带着传统的取水工具、呼儿唤友相互邀约，敲着锣打着鼓到村外的泉边井旁，村寨里的和尚或者安长已经带着托盘，托盘上摆着1根蜡烛、两个小彩幡旗、三柱香、四个泼水粑粑、一撮米花（德昂族说千颗米花）在泉水边或者井旁祭龙王了。祭罢龙王，大家高声歌唱、锣鼓喧天，你先我后相互帮忙，把每个人的水桶、背罐都装满水，

取水

然后迈着欢快的步伐往回走。来到龙亭边，人们按照年老年幼顺序给龙亭浇水，水从龙头转动喷洒，给象征佛祖的佛像沐浴，意即缅怀先辈的恩德，祈祷来年风调雨顺、五谷丰登、人畜兴旺。从佛像上淌下来的水，被称为"圣水"，水顺着花篱笆流出来，人们争先恐后地去跑到花篱笆外接水，纷纷用浴过佛的水擦眼睛、抹脸、洗头部。德昂族认为，喝"圣水"或用"圣水"洗脸洗手，能治百病，来年吉祥。

浴佛

晚辈为长辈洗手

浴佛仪式完毕后，各家各户的年轻人要准备一盆热水，端来放在堂屋中央，把家里的父母和其它长辈请出来坐在堂上，向他们叩头请罪，请求他们原谅晚辈一年来不孝顺的地方。长辈们也要反思一年来的行为规范，检讨自己在为晚辈树立榜样方面做得不足的地方。然后，晚辈为长辈洗手洗脚，同时互祝来年在和睦、勤劳的气氛中度过。如果是父母去世的家庭，兄长、姐姐和嫂嫂、姐夫就成为被洗手洗脚的对象。这项特定的仪式体现了德昂族尊老爱幼的传统美德。当日，人们还洒水给当年结婚的新婚夫妇，意为恭贺新婚，并祝福他们幸福美满、天长地久。

第三天才是泼水节，这一天德昂村寨鼓声震天，歌声嘹亮，舞姿翩翩。老人、孩子、小伙子、小姑娘提桶端盆，相继把吉祥之水倒入龙头水槽中，通过花洒飘洒向小屋的佛像，为佛洗尘。然后，由德高望重的长者手持鲜花，蘸水轻轻地洒向周围的人群，向大家祝福，祝贺新年的开始，宣布泼水节开始。

浇花节（泼水节）

　　这时，人们开始兴奋起来，纷纷互相祝贺新年，年轻人将水桶高举头顶，将水滴洒在老年人的手上，祝愿人们生活快乐、健康长寿。老人们则伸出双手，将水棒在手中，口念祝词，为年轻人道喜、祝福。仪式结束之后，人们便以象脚鼓为前导，排成长队，拥向泉边、河畔，唱歌、跳舞、互相追逐、泼水。

浇花节既是德昂族人民欢度新年的典礼，又是男女青年谈情说爱、寻找心上人的好时机。德昂族流行一种赠竹篮习俗，节日之前，小伙子要悄悄地编织几个漂亮的竹篮子，并乘夜深人静串姑娘时，将篮子分别送给自己所中意的姑娘，最漂亮的那只，要送给自己最喜爱的姑娘，以此表达自己的爱意，试探对方的反应。

因此，这时每个姑娘往往都能收到好几个竹篮，然而姑娘究竟钟情于谁呢？这就要看泼水节那天姑娘背的是谁送她的那只竹篮了。到了这一天，姑娘们人人都背上了一个精致美观的竹篮，但究竟是谁的呢？这下可忙坏了小伙子们，他们睁圆双眼，紧盯着姑娘们身上的竹篮，仔细辨认着心上人所背的是否是自己送给她的那只竹篮。对对情人相遇后，便互相尽情地泼水、嬉戏，以表达自己激动、喜悦的心情。

浇花节是德昂族全民参与的盛大传统节日，是他们社会生活中一年一度的盛事，是最重要的传统习俗。辛勤劳作了一年的德昂族群众，在浇花节期间，可以忘却一切烦恼，用祈祷、祝福、歌舞等形式表达对美好生活的追求和向往，集中体现了德昂族的宗教信仰、伦理道德、价值理念等，对增进民族感情、增强民族凝聚力发挥着极其重要的社会功能。同时，也是研究德昂族传统文化的宝贵资源。

2008 年 6 月 7 日，德昂族浇花节经国务院批准列入第二批国家级非物质文化遗产名录。

节日筹备

制作龙头浴佛亭

盛装打扮

请佛

采花

装扮龙亭、祈福

取水浴佛

晚辈为长辈洗手

迎宾

泼水狂欢

传承技艺

73

后 记

　　传统节日是一个国家或民族的历史文化长期积淀的产物，自诞生始成为民族传统文化最重要的载体之一。德昂族传统节日形式多样，内容丰富。其中，浇花节是德昂族悠久历史文化的一个重要组成部分，是德昂族文化长期积淀和凝聚的过程，传承着民族的情感与记忆。

　　为了挖掘和丰富德昂族文化宝库，让读者更多地了解浇花节所蕴含的历史文化、人文精神，笔者查阅了大量的有关资料，多次到德昂族聚集地进行搜集和整理，最终完成了《德昂族浇花节》的编写工作。此书的出版得到了董晓梅、钱明富、杨帮庆、赵重天、王小川、钱景泰、张仁韬、龚自麟、闫自毫、韦杰、封履仁、吴准绳等专家学者和摄影师们的大力支持，并提供了宝贵的图片资料，在此表示衷心感谢！

　　由于本人知识水平有限，书中难免存在疏漏和不妥之处，敬请各位读者和专家指正，并给予谅解！

编者

2016 年 10 月